HMH | ¡Arriba la Lectura
Texas

miLibro 4

Autores y asesores

Alma Flor Ada • Kylene Beers • F. Isabel Campoy
Joyce Armstrong Carroll • Nathan Clemens
Anne Cunningham • Martha C. Hougen
Elena Izquierdo • Carol Jago • Erik Palmer
Robert E. Probst • Shane Templeton • Julie Washington

Consultores

David Dockterman • Mindset Works®
Jill Eggleton

Printed in the U.S.A.

ISBN 978-1-328-50441-8

10 0868 27 26 25 24 23 22

4500857975 C D E F G

HMH

¡Arriba la Lectura!™

Texas

miLibro 4

MÓDULO 7

Maravillas de la naturaleza

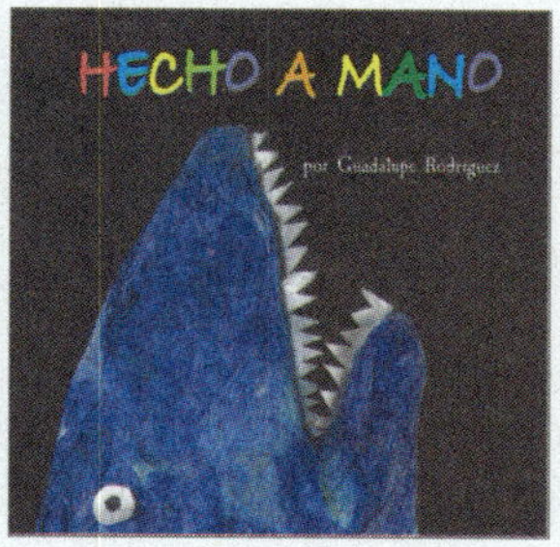
HECHO A MANO
por Guadalupe Rodríguez

EL GRAN CAÑÓN
por Sara Gilbert

¿Sabes qué es un
volcán?

MÓDULO 8

Cuéntame un cuento

EL SALTAMONTES Y LAS HORMIGAS
por Jerry Pinkney

HISTORIAS QUE VIAJAN EN EL TIEMPO

La liebre y la tortuga
SALIDA
de Speakaboos

MÓDULO 7

Maravillas de la naturaleza

"Cada paisaje me enseña algo nuevo".

—José Ortega y Gasset

Pregunta esencial

¿Cómo cambian las cosas en la naturaleza?

Video de Mentes curiosas

LEAMOS juntos

Palabras acerca de la naturaleza

Completa la Red de vocabulario para mostrar lo que sabes sobre estas palabras.

ciclo

Significado: Un **ciclo** es un grupo de acontecimientos que se repiten en el mismo orden.

Sinónimos y antónimos	Dibujo

evaporación

Significado: La **evaporación** ocurre cuando el agua se calienta mucho y se convierte en gas.

Sinónimos y antónimos	Dibujo

líquido

Significado: Un **líquido** es algo que puedes servir o verter, como agua o leche.

Sinónimos y antónimos	Dibujo

Lectura breve

LEAMOS juntos

PRONÓSTICO: TORMENTAS

Las nubes se vuelven oscuras. El viento sopla. **¡FLASH! ¡BUM!** ¡Es una tormenta!

¿Quieres aprender sobre las tormentas? Entonces, lee *Grandes tormentas*, un libro fantástico. Trata sobre todo tipo de tormentas fuertes. Las tormentas de nieve se llaman ventiscas. ¡Incluso hay grandes tormentas de arena!

Verás fotografías increíbles de tormentas reales. Una foto muestra un relámpago impresionante. Otra muestra una ventisca. ¡La nieve llega hasta las ventanas de las casas!

Otra razón para leer este libro es que te enseña cómo estar a salvo durante las tormentas. Aprendí un buen consejo. Cuando llueve y hay viento, ¡quédate adentro! *Grandes tormentas* es un libro superinteresante. ¡No dejes de leerlo!

Práctica guiada

LEAMOS juntos

Prepárate para leer

ESTUDIO DEL GÉNERO Los **textos de fantasía** son cuentos con acontecimientos inventados que, en realidad, no podrían suceder. Busca:

- partes imaginarias del ambiente y los acontecimientos
- problemas y soluciones
- maneras en que las imágenes y las palabras te ayudan a comprender

PALABRAS PODEROSAS
misión
espectacular
descanso
problema
dirección
aterrizar

ESTABLECER UN PROPÓSITO Lee para hacer suposiciones, o **inferencias**, sobre detalles que el autor no dice. Usa lo que sabes y las pistas del texto.

Conoce a Jon Klassen.

SAM Y LEO CAVAN UN HOYO

por

Mac Barnett

ilustrado por

Jon Klassen

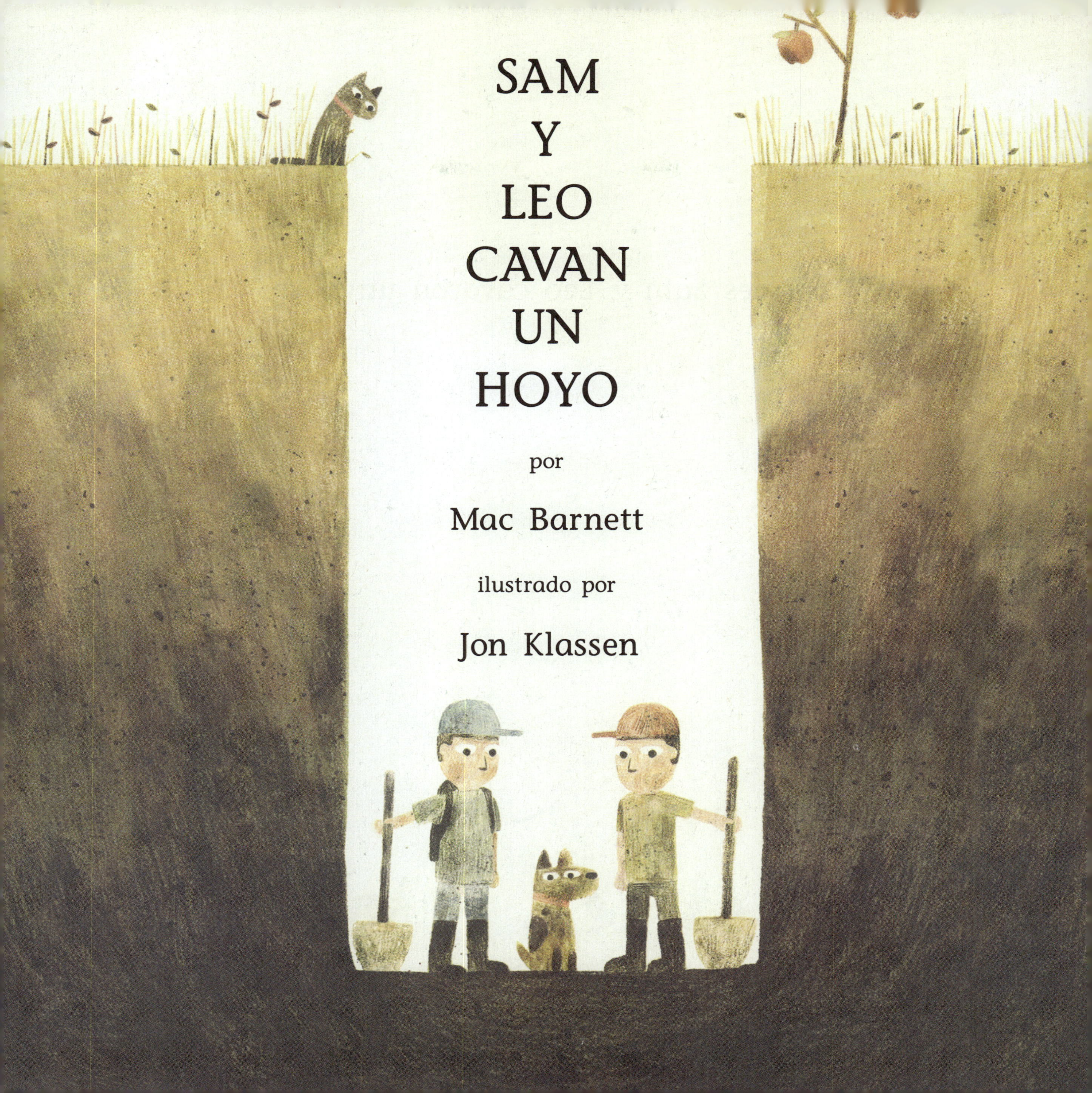

El lunes *Sam* y Leo cavaron un hoyo.

—¿Cuándo vamos a dejar de cavar?
—preguntó Sam.
—Tenemos una misión —dijo Leo—.
No dejaremos de cavar hasta encontrar algo espectacular.

El hoyo llegó a ser tan profundo que sus cabezas ya estaban bajo tierra.

Pero todavía no habían encontrado nada espectacular.

—Tenemos que seguir cavando —dijo Leo.

Así que siguieron cavando.

Se tomaron un descanso.
Leo bebió leche con cacao de una cantimplora.
Sam comió galletas con forma de animales que había envuelto en el pañuelo de su abuelo.
—Quizá —dijo Leo—, el problema es que cavamos hacia abajo.
—Sí —dijo Sam—, quizá este sea el problema.
—Creo que deberíamos cavar en otra dirección —dijo Leo.
—Sí —dijo Sam—. Es una buena idea.

—Tengo otra idea —dijo Leo—.
Vamos a separarnos.
—¿Seguro? —dijo Sam.
—Solo por un ratito —dijo Leo—.
Así tendremos más posibilidades.

Y entonces Leo se fue
hacia un lado,

y Sam hacia el otro.

Pero no encontraron nada espectacular.

—Tal vez deberíamos volver a cavar en línea recta hacia abajo —dijo Leo.

—Sí —dijo Sam—. Es una buena idea.

Sam y Leo se quedaron sin leche
con cacao.
Pero siguieron cavando.
Comieron la última galleta con forma
de animal.
Pero siguieron cavando.

Después de un rato, Sam se sentó.
—Leo —dijo—, estoy cansado. Ya no puedo cavar más.
—Yo también estoy cansado —dijo Leo—. Tenemos que descansar.
Sam y Leo se quedaron dormidos.

Y entonces Sam y Leo cayeron.

Sam y Leo cayeron,

más,

y más abajo...

… hasta que aterrizaron sobre tierra blanda.

—Vaya —dijo Sam.

—Vaya —dijo Leo—. Esto ha sido bastante espectacular.

Y entonces regresaron a casa para tomar leche con cacao y comer galletas con forma de animales.

LEAMOS juntos

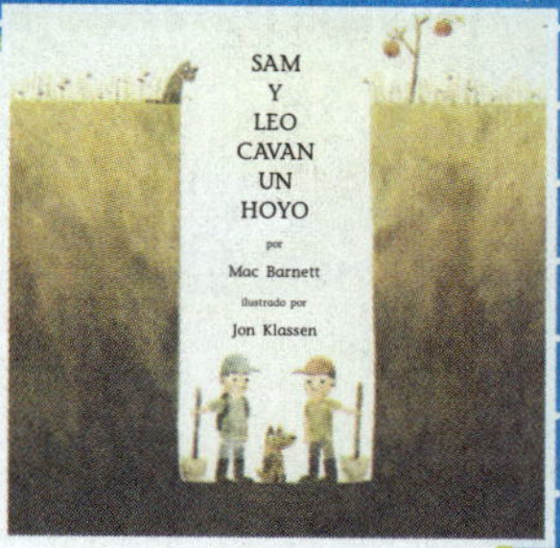

Conversación en parejas

Usa detalles de **Sam y Leo cavan un hoyo** para contestar estas preguntas con un compañero.

1. **Hacer inferencias** ¿Cómo sabes que los niños son buenos amigos?

2. ¿Qué hace que la aventura de los niños sea espectacular?

Sugerencia para la conversación

Túrnense para hablar. Cuando sea tu turno, agrega algo a la idea de tu compañero.

Mi idea es ______________.

Citar evidencia del texto

LEAMOS juntos

Escribir un mensaje

INDICACIÓN Piensa en una parte del cuento en la que Sam y Leo casi encuentran algo espectacular. ¿Qué mensaje les podrías enviar para ayudarlos a encontrarlo?

PLANIFICA Primero, dibuja un mapa. Muestra dónde están Sam y Leo y cómo pueden llegar a esa cosa espectacular.

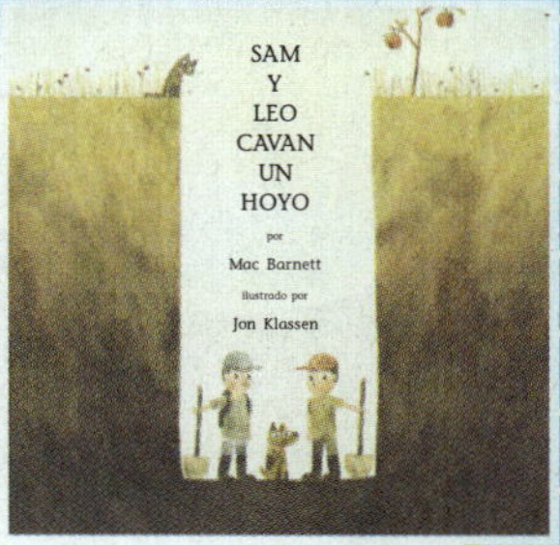

ESCRIBE Ahora, intenta escribir un mensaje para Sam y Leo. Cuéntales cómo encontrar esa cosa espectacular. Recuerda:

- Usa mayúscula para comenzar cada oración.
- Usa palabras que digan en qué dirección ir, como **izquierda, derecha, arriba, abajo, por encima** y **por debajo**.

Prepárate para leer

ESTUDIO DEL GÉNERO Los **textos de fantasía** son cuentos con acontecimientos inventados que, en realidad, no podrían suceder.

HACER UNA PREDICCIÓN Echa un vistazo a **Ron y Tron**. Ron y Tron viven en planetas diferentes. Piensa en cómo los textos de fantasía tienen acontecimientos inventados. ¿Qué crees que sucederá?

ESTABLECER UN PROPÓSITO Lee para descubrir qué hacen Ron y Tron y si tu predicción es correcta. Si no lo es, piensa en cómo es un texto de fantasía y haz una nueva predicción.

Ron y Tron

LEE ¿Quién cuenta el principio: un narrador ajeno al cuento o un personaje del cuento? ¿Cómo lo sabes? ¿Quién escribe esta carta? Encierra en un círculo las palabras que te ayudan a saber quién cuenta esta parte.

Ron y Tron viven lejos el uno del otro. Se escriben para estar en contacto.

Querido Tron:

La semana pasada, estuve cavando un hoyo muy profundo en el fondo del mar de mi planeta. ¡Encontré gemas rojas y verdes! Las gemas son muy brillantes. A ti te gusta cavar para buscar gemas. ¡Ven a visitarme!

Tu amigo,
Ron

Para leer con atención

Hasta ahora, ¿tu predicción es correcta? Si no, piensa en el género para hacer una nueva.

LEE ¿Quién cuenta la parte del cuento que está en la parte de arriba de la página? Encierra en un círculo las palabras que te ayudan a saberlo. ¿Quién cuenta el final: un personaje del cuento o un narrador ajeno al cuento? ¿Cómo lo sabes?

Para leer con atención

¿Tu predicción coincide con lo que ocurrió en el cuento? ¿En qué tenías razón? ¿Qué fue diferente?

¡Hola, Ron!

¡Tienes razón! Me ENCANTA cavar y explorar. Pero ¿por qué no vienes tú primero a visitarme? Juntos, podemos buscar gemas en las cuevas profundas y oscuras de mi planeta.

Tu amigo,

Tron

Ron fue al planeta de Tron. Buscaron en las cuevas. ¡No había gemas! Pero encontraron muchos murciélagos y la pasaron muy bien.

VERIFICAR LO QUE ENTENDÍ

Ron y Tron encontraron murciélagos porque

ESCRIBE SOBRE ELLO ¿Por qué crees que Ron y Tron son amigos? Intenta escribir algunas oraciones. Usa detalles del cuento para decir por qué.

Práctica guiada

LEAMOS juntos

Prepárate para leer

ESTUDIO DEL GÉNERO Los **textos informativos** son textos de no ficción. Presentan datos sobre un tema. Busca:

- datos sobre el mundo
- fotografías con rótulos
- maneras en que las imágenes y las palabras te ayudan a comprender

PALABRAS PODEROSAS

- duna
- deslizarse
- arbusto
- espina

ESTABLECER UN PROPÓSITO Mientras lees, detente y piensa si no comprendes algo. Vuelve a leer, mira las imágenes, usa lo que ya sabes o hazte preguntas.

Desarrollar el contexto: ¡El agua es importante!

Desiertos

por Quinn M. Arnold

¡Hola, desierto!

Los desiertos cálidos son secos. Allí, no llueve mucho.

El desierto cálido más
grande es el Sahara.

Los desiertos pueden ser rocosos o arenosos. A veces, tienen rocas y también arena.

En los desiertos arenosos puede haber dunas altas. Las serpientes se deslizan por la arena.

Las plantas y los animales se adaptan al desierto. Los animales obtienen agua de la comida que comen.

Los arbustos y las flores silvestres tienen raíces largas. Estas raíces pueden llegar al agua que está bien abajo.

Algunos cactus
llegan a medir más
de 40 pies de alto.
Los cactus
almacenan agua.

Las espinas puntiagudas mantienen alejados a muchos animales.

El sol da calor a las
lagartijas del desierto.

Las liebres descansan en la sombra. Los zorros salen de su madriguera por la noche.

Así es un desierto

Desierto de Sonora
cactus
rocas
espina
serpiente topera
flores silvestres

¡Adiós, desierto!

Conversación en parejas

Usa detalles de **Desiertos** para contestar estas preguntas con un compañero.

1. **Verificar y clarificar** Cuando llegaste a una parte del texto que no comprendiste, ¿qué hiciste para intentar comprenderla?

2. ¿De qué manera los animales encuentran alimento, agua y refugio en el desierto?

Sugerencia para escuchar

Escucha con atención. Piensa en lo que tu compañero dice y en lo que aprendes de lo que él dice.

Escribir una descripción

INDICACIÓN ¿Cómo puedes describir el terreno o un ser vivo de **Desiertos** a alguien que no lo ha visto nunca? Usa detalles de las palabras y las fotografías para explicarlo.

PLANIFICA Primero, escribe tu tema. Luego, escribe palabras y haz dibujos para describirlo.

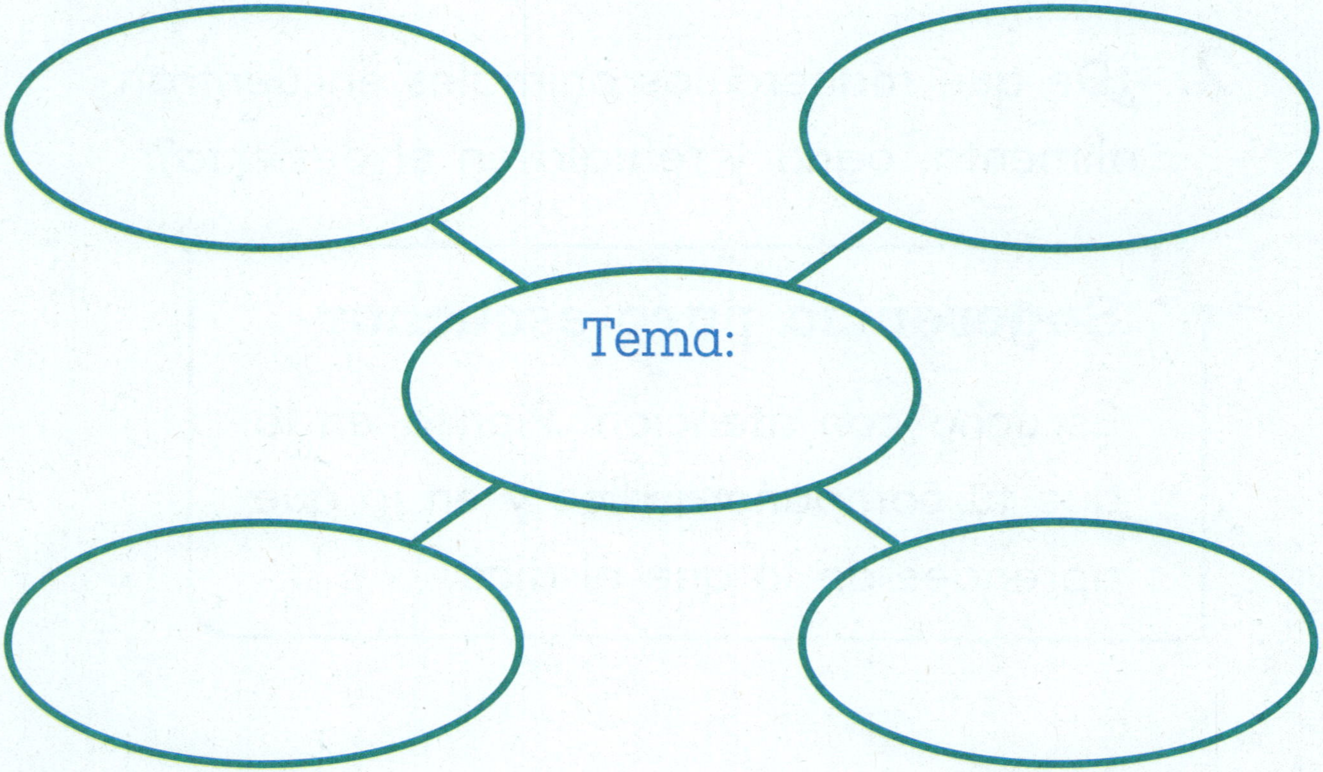

ESCRIBE Ahora, escribe oraciones para describir el terreno o el ser vivo del desierto. Usa evidencia del texto en tu descripción. Recuerda:

- Asegúrate de que las oraciones sean sobre tu tema.
- Usa palabras que describan colores, tamaños, cómo se sienten las cosas y otros detalles.

Prepárate para leer

ESTUDIO DEL GÉNERO Los **textos informativos** son textos de no ficción. Presentan datos sobre un tema.

HACER UNA PREDICCIÓN Echa un vistazo a **¿Cómo se forma una isla?** Primero, hay un volcán. Luego, ¡hay una isla! ¿Qué crees que aprenderás?

ESTABLECER UN PROPÓSITO Lee para descubrir una de las maneras en las que se forman las islas. Descubre si tu predicción es correcta. Si no lo es, haz una nueva predicción mientras lees.

¿Cómo se forma una isla?

LEE ¿Qué le sucede a la lava del volcán?

Las islas son porciones de tierra rodeadas de agua. ¿Cómo se forma una isla? Una de las maneras es a partir de un volcán que está en el fondo del mar. La lava caliente sale del volcán. El agua enfría la lava. Entonces, la lava se transforma en roca. ▶

Para leer con atención

Encierra en un círculo las palabras que no conoces. Luego, intenta descubrir qué significan.

VERIFICAR LO QUE ENTENDÍ

Si no entendiste esta parte del texto, ¿qué podrías hacer para entenderla?

LEE Subraya las cosas importantes que suceden después de que la lava sale.

> **Para leer con atención**
>
> Escribe un **?** junto a las partes sobre las que tienes preguntas.

La lava sigue saliendo del volcán. La pila de roca se hace cada vez más grande. Se hace tan grande que sobresale del agua. ¡Se formó una nueva isla!

Después de mucho tiempo, comenzarán a crecer plantas en la isla. También los pájaros y otros animales irán a vivir allí. Su hogar será esta isla, que una vez fue un volcán en el fondo del mar.

VERIFICAR LO QUE ENTENDÍ

¿Cuál es el tema central o la idea principal de este texto?

Citar evidencia del texto

ESCRIBE SOBRE ELLO Intenta escribir un cuento para contarles a tus compañeros sobre un día que pasaste en la nueva isla. ¿Cómo es la isla? Usa palabras descriptivas. Haz un dibujo en una hoja aparte.

Práctica guiada

LEAMOS juntos

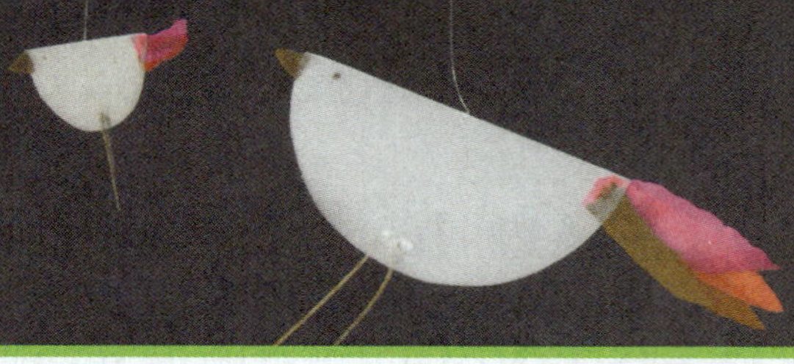

Prepárate para leer

ESTUDIO DEL GÉNERO Los **textos de procedimiento** dicen cómo hacer algo. Busca:

- instrucciones para seguir
- pasos que muestren un orden
- imágenes que muestren cómo se verá el proyecto terminado

PALABRAS PODEROSAS

borde

marcar

ESTABLECER UN PROPÓSITO Lee para comprender las ideas más importantes. Busca detalles en las palabras y en las imágenes como ayuda. Cuenta las ideas importantes con tus propias palabras para **resumir** el texto.

Desarrollar el contexto: Reciclar para crear arte

HECHO A MANO

por Guadalupe Rodríguez

PAISAJE
CON ANIMAL

1 En un cartón, dibuja una línea curva y luego corta. Pinta una parte del color del cielo y la otra como pasto o mar.

2 Une ambas partes pegando con cola fría solo los bordes de los lados (el centro de estas debe quedar separado).

3 En otro pedazo de cartón, dibuja y pinta un animal, y luego recórtalo. Corta una tira de cartón. Pega un extremo de la tira a la parte de atrás del animal y espera que seque bien.

4 Luego pasa la tira de cartón por dentro del paisaje y fíjala con un broche. Haz caminar a tu animalito por el paisaje moviendo la tira de cartón hacia los lados.

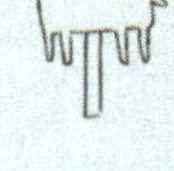

PEZ
VOLADOR

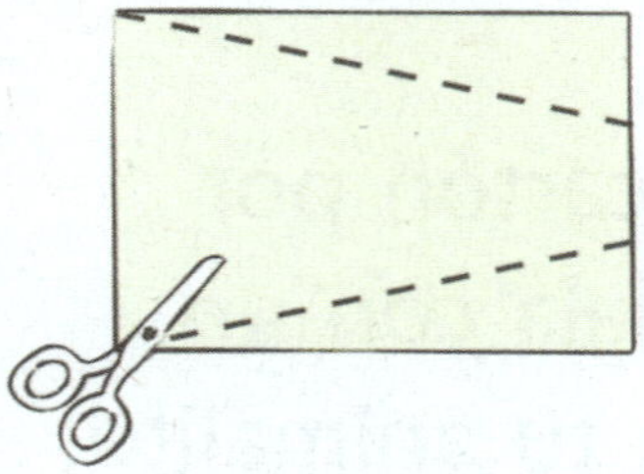

1 En un papel mantequilla, craft u otro, marca dos líneas como muestra la figura. Recorta.

2 Pinta ojos y cuerpo. Dobla y pega los bordes.

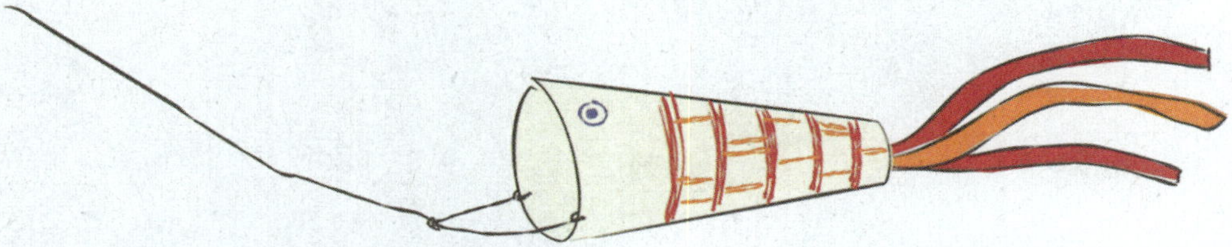

3 Amarra dos cordeles en los extremos de la boca. Haz un nudo y deja un cordel largo para tirar. Pega tiras de papel en la cola.

PÁJAROS
EN PAPEL

1 Marca con un plato un círculo en papel diamante o cartulina. Córtalo y luego dobla el círculo por la mitad.

2 Dibuja y corta en papel volantín plumas y pico. Luego pégalos y dibuja un ojo a cada lado del papel o cartulina. Elige dos ramitas de árbol para las patas y pégalas con cola fría.

3 Atraviesa tu pajarito con una aguja e hilo para colgarlo y… ¡estará listo para salir volando!

Responder a la lectura

LEAMOS juntos

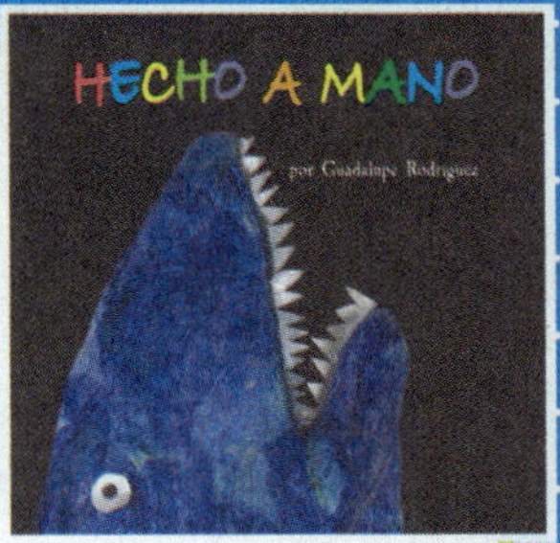

Conversación en parejas

Usa detalles de **Hecho a mano** para contestar estas preguntas con un compañero.

1. **Resumir** ¿Qué cosa haces en cada proyecto y cómo se puede usar?

2. Di cuáles son los pasos para hacer uno de los proyectos. Usa tus propias palabras.

Sugerencia para la conversación

Haz una pregunta si no estás seguro de lo que piensa tu compañero.

¿Qué quisiste decir con ______?

LEAMOS juntos

Escribir una carta

INDICACIÓN Elige uno de los proyectos de **Hecho a mano**. Intenta escribir una carta para contarle a alguien que conozcas cómo hacer el proyecto. Usa detalles de **Hecho a mano** como ayuda para explicar los pasos.

PLANIFICA Primero, haz una lista de los materiales que se necesitarán, como papel. Escribe o dibuja los pasos a seguir.

Primero,

Después,

Por último,

ESCRIBE Ahora, intenta escribir una carta a esa persona. Explica los pasos para hacer el proyecto. Recuerda:

- Di cuáles son los materiales que se necesitan.
- Explica los pasos en orden.

Prepárate para leer

ESTUDIO DEL GÉNERO Los **textos de procedimiento** dicen cómo hacer algo.

HACER UNA PREDICCIÓN Echa un vistazo a **Ayudante de pájaros**. Mira las características del texto, como los números, las imágenes y los encabezados, como ayuda para hacer una predicción. ¿Qué crees que aprenderás?

ESTABLECER UN PROPÓSITO Lee para descubrir cómo puedes ayudar a los pájaros y si tu predicción es correcta. Si no lo es, usa las características del texto como ayuda para hacer una nueva predicción.

Ayudante de pájaros

LEE ¿Por qué los pájaros necesitan nuestra ayuda? Subraya las palabras que lo dicen.

¡Puedes ayudar!

Algunos animales necesitan nuestra ayuda. Podemos ser amables con ellos. A veces, los pájaros necesitan ayuda en invierno. No pueden encontrar mucha comida. Puedes ayudarlos. ¡Haz un comedero de pájaros! ▶

Para leer con atención

¿Tu predicción es correcta? Si no, mira las características del texto y haz una nueva predicción.

VERIFICAR LO QUE ENTENDÍ

¿De qué se trata esta parte? Usa tus propias palabras.

LEE Subraya las palabras que muestran el orden de los pasos. Después de leer, resume en tus palabras cómo hacer un comedero de pájaros. Di las ideas más importantes.

Para leer con atención

¿Tu predicción sobre lo que ibas a aprender era correcta? ¿En qué tenías razón? ¿Qué fue diferente?

Cómo hacer un comedero de pájaros

1 Primero, pide a un adulto que te ayude a conseguir una piña, alpiste, cordel, un palito y mantequilla de cacahuate o grasa vegetal.

2 Después, pon mantequilla de cacahuate o grasa vegetal sobre la piña. Haz rodar la piña por el alpiste.

3 Luego, ata el cordel a la piña.

4 Por último, pon el comedero de pájaros en un árbol. Para darte las gracias, ¡los pájaros comerán el alpiste!

VERIFICAR LO QUE ENTENDÍ

¿Cómo hace el autor para que sea fácil entender los pasos?

ESCRIBE SOBRE ELLO ¿Por qué piensas que el autor escribió **Ayudante de pájaros**? ¿Por qué crees que lo escribió usando pasos? Usa detalles del texto como ayuda para explicar tus ideas.

Práctica guiada

LEAMOS juntos

Prepárate para leer

ESTUDIO DEL GÉNERO Los **textos informativos** son textos de no ficción. Presentan datos sobre un tema. Busca:

- detalles y datos sobre un tema
- encabezados que se destaquen
- imágenes con rótulos y pies de foto

ESTABLECER UN PROPÓSITO Lee para descubrir las ideas más importantes de cada parte. Luego, **sintetiza**, o reúne las ideas, para descubrir nuevas cosas sobre el texto y lo que el texto realmente significa para ti.

PALABRAS PODEROSAS

- popular
- ocupar
- capa
- fósil
- afectar

Desarrollar el contexto: Parques nacionales

EL GRAN CAÑÓN

por Sara Gilbert

BIENVENIDOS AL PARQUE NACIONAL DEL GRAN CAÑÓN

¡Vaya! ¡Mira toda esta piedra! En el Gran Cañón, puedes ver cómo es el suelo por dentro. Algunas de las rocas tienen millones de años.

El Gran Cañón está en Arizona. Desde el año 1919 es un parque nacional. Es uno de los parques nacionales más populares de Estados Unidos.

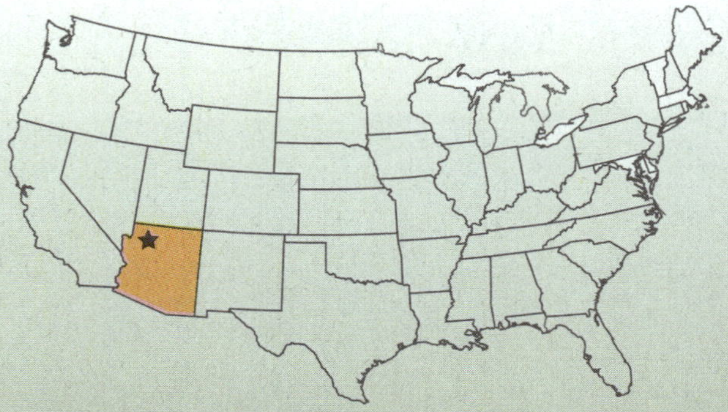

Arroyo Havasu (abajo); bosques de pinos piñoneros y enebros (página siguiente)

ROCAS Y UN RÍO

El Gran Cañón ocupa más de un millón de acres. En una parte hay un desierto. En otras partes hay muchos árboles. Los bosques son los lugares más frescos.

El río Colorado corre por el Gran Cañón. Es el que formó las paredes del cañón. Las capas de roca tienen diferentes colores. En la roca podemos encontrar fósiles.

Un fósil de helecho (derecha); vista desde el mirador de Toroweap (abajo)

LAS ESPECIES DEL GRAN CAÑÓN

Aquí viven más de 500 tipos de animales, entre ellos, el cóndor de California. Este cóndor está en peligro de extinción. Los cóndores son las aves más grandes de América del Norte.

Hay unos 2,000 tipos de plantas en el parque. Algunas solo se encuentran en el Gran Cañón. No crecen en ningún otro lugar.

Un cactus (derecha); un abeto blanco (abajo)

HERMOSAS VISTAS

Casi 5 millones de personas visitan el Gran Cañón cada año. Puedes recorrer los bordes del cañón en autobús. Puedes bajar a pie por el cañón. Hasta puedes ir en balsa por el río Colorado.

En el cañón puede hacer mucho calor. Bebe mucha agua. Y ten cuidado con los animales salvajes, como los pumas. ¡No intentes alimentarlos!

Un puma (abajo)
Los visitantes del parque pueden ver millas y millas del cañón. (página siguiente)

El atardecer en el Gran Cañón es un momento especial. ¡Mira cómo baja el sol detrás de las hermosas rocas!

ACTIVIDAD

CREA UN CAÑÓN

Qué necesitas:

Un cajón de arena o una pila de arena

Una manguera o un cubo con agua

Paso 1: Crea un área plana y gruesa de arena. Eso será el suelo.

Paso 2: Desde uno de los bordes, echa agua sobre la arena para formar un río. ¿Qué le ocurre a la arena cuando el río pasa por ella?

Paso 3: Agrega más agua. Echa un poco rápidamente y otro poco más despacio. ¿Cómo afecta la velocidad del agua a la arena? ¿El recorrido del río cambia? ¿Qué ocurre con las paredes de arena que rodean el río?

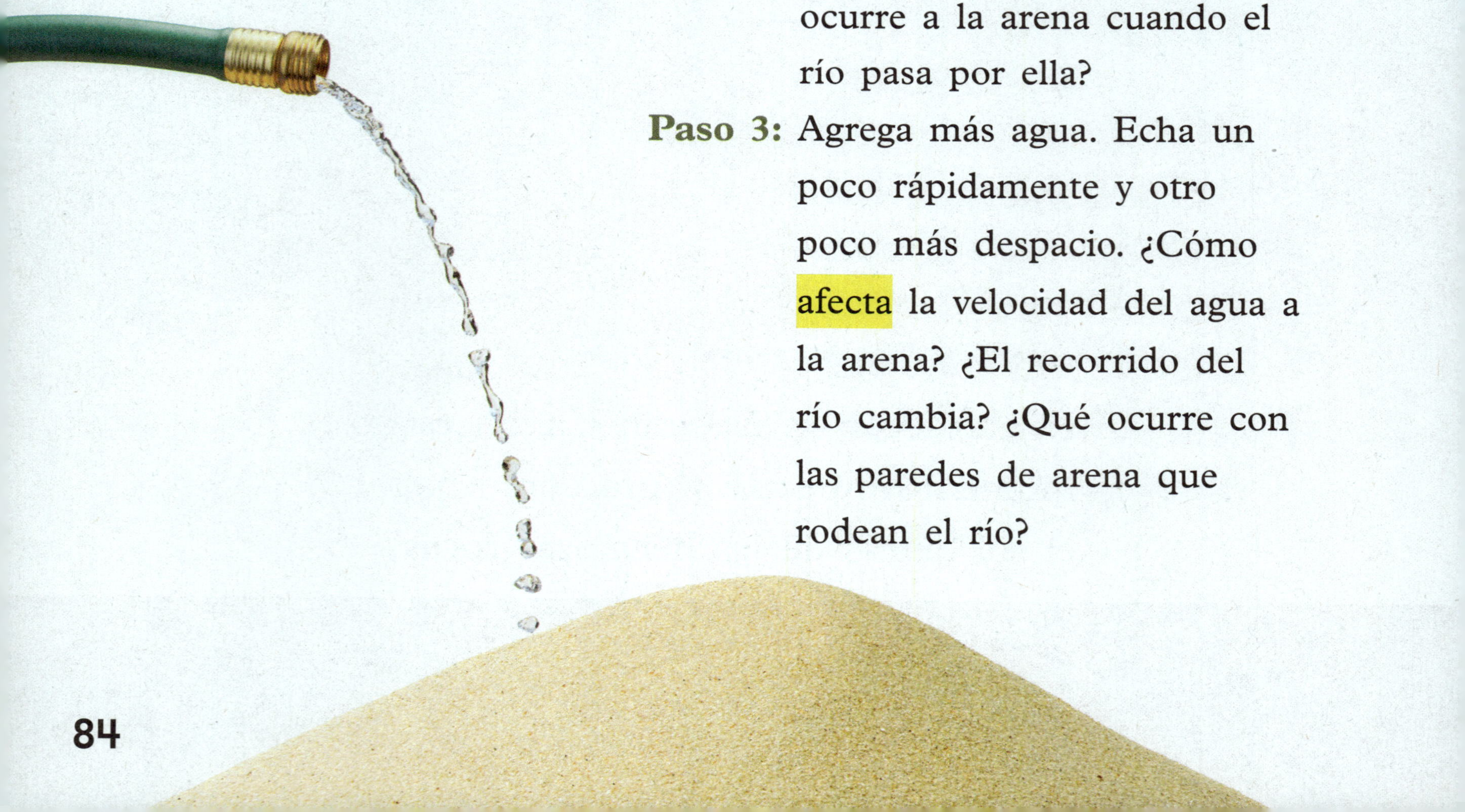

Conversación en parejas

Usa detalles de **El Gran Cañón** para contestar estas preguntas con un compañero.

1. **Sintetizar** ¿Cuáles son las ideas más importantes que aprendiste? ¿Qué hace que el Gran Cañón sea especial para ti?

2. Vuelve a leer la actividad de la página 84. Describe lo que piensas que sucederá con la arena.

Sugerencia para escuchar

Escucha con atención. Haz conexiones. ¿En qué se parece lo que dice tu compañero a otras cosas que sabes?

Citar evidencia del texto

LEAMOS juntos

Escribir un poema

INDICACIÓN Escribe un poema sobre el Gran Cañón. Usa detalles de **El Gran Cañón** para describir las cosas de una manera interesante.

PLANIFICA Primero, escribe palabras que describan el Gran Cañón o a algún ser vivo de allí. Agrega palabras que rimen y palabras importantes sobre el tema que elegiste.

Palabras descriptivas	Palabras que riman	Palabras importantes
grande(s)	calor – cañón – millón	fósiles

ESCRIBE Ahora, intenta escribir un poema que describa el Gran Cañón o a un ser vivo de allí. ¡Haz que sea divertido decirlo y escucharlo! Luego, recita el poema a tus compañeros. Recuerda:

- Usa palabras que rimen y palabras importantes sobre el tema.
- Repite sonidos y palabras, como **parque popular**.

Por mi cuenta

Prepárate para leer

ESTUDIO DEL GÉNERO Los **textos informativos** son textos de no ficción. Presentan datos sobre un tema.

HACER UNA PREDICCIÓN Echa un vistazo a **Fósiles del Gran Cañón**. Los fósiles son los restos de seres vivos de hace mucho tiempo. ¿Qué crees que aprenderás?

ESTABLECER UN PROPÓSITO Lee para saber más sobre los fósiles del Gran Cañón.

Fósiles del Gran Cañón

LEE ¿Cómo es un fósil? Subraya las palabras que lo dicen.

Si haces una caminata por el Gran Cañón, ¡tal vez encuentres un fósil! Mientras caminas, mira a tu alrededor. Verás toda clase de rocas. ¡Mira de cerca! Ves en una roca algo que parece una concha marina. Es algo muy viejo. ¡Acabas de encontrar el fósil de un animal que vivió hace mucho tiempo! ▶

Para leer con atención

Marca las ideas importantes con un *.

VERIFICAR LO QUE ENTENDÍ

¿Dónde puedes buscar fósiles en el Gran Cañón?

LEE ¿Qué clases de fósiles puedes encontrar? Subráyalos. ¿Cuáles son las ideas más importantes que aprendiste?

Las conchas marinas no son los únicos fósiles que hay en el Gran Cañón. Hace mucho tiempo, esta tierra estaba bajo el agua. Por eso, podemos encontrar fósiles de animales marinos, como los **trilobites**. ¡Parecen insectos! También puedes encontrar fósiles de peces, corales y esponjas.

En el Gran Cañón, también podemos encontrar fósiles de plantas. Hojas, helechos y pequeños pinos... ¡todos han dejado sus huellas en las rocas para que nosotros los encontremos!

Para leer con atención

Encierra en un círculo las palabras que no conoces. Luego, intenta descubrir qué significan.

VERIFICAR LO QUE ENTENDÍ

Usa detalles de las palabras y la fotografía para describir a un **trilobite**.

Citar evidencia del texto

ESCRIBE SOBRE ELLO Piensa en las ideas importantes de **Fósiles del Gran Cañón.** ¿Qué piensas que puedes aprender de los fósiles? Intenta escribir oraciones para explicar tus ideas.

Práctica guiada

LEAMOS juntos

Prepárate para ver

ESTUDIO DEL GÉNERO Los **videos** son películas cortas. A veces, las imágenes que se muestran son solo fotografías. Algunos videos dan información. Otros son para entretenerte. Mira, escucha y busca:

- sobre qué trata el video
- cómo se relacionan las imágenes y las palabras para darte información

ESTABLECER UN PROPÓSITO Mira el video para averiguar el mensaje más importante, o **idea principal**, acerca de los volcanes. Mira y busca detalles importantes que te ayudan a comprenderla.

Desarrollar el contexto: Geología

¿Sabes qué es un volcán?

Mientras ves el video Observa las fotografías y presta atención a las palabras que se dicen. ¿Todos los volcanes son iguales? Piénsalo mientras miras. ¿Qué es lo más importante que muestra el video sobre los volcanes? Usa detalles de las palabras y las imágenes para descubrir la idea principal.

Conversación en parejas

Usa detalles de **¿Sabes qué es un volcán?** para contestar estas preguntas con un compañero.

1. **Idea principal** ¿Qué es lo más importante, o la idea principal, que explica el video sobre los volcanes?

2. Explica qué es el magma y por qué es tan importante en la formación de un volcán.

Sugerencia para la conversación

Habla en voz alta para que se te escuche. No hables demasiado rápido ni demasiado lento.

Creo _______ porque _______.

¡Hora de concluir!

Pregunta esencial

¿Cómo cambian las cosas en la naturaleza?

Elige una de estas actividades para mostrar lo que aprendiste sobre el tema.

1. Arte con objetos reciclados

La naturaleza transforma la Tierra. ¡Y las personas también la transforman! Usa trozos de papel y otras cosas que se puedan reciclar para hacer una representación de la Tierra. Escribe cómo podemos cuidar la Tierra.

2. Experto en estaciones

Elige una estación. Dibuja cómo es un lugar que conozcas durante esa estación. Agrega rótulos. Cuéntale a un compañero sobre el clima y otros cambios que suceden en esa estación.

Desafío de palabras

¿Puedes usar la palabra ciclo para explicar qué sucede?

Mis notas

MÓDULO 8

Cuéntame un cuento

"Lo que en la juventud se aprende toda la vida dura".

—Francisco de Quevedo

Pregunta esencial

¿Qué lecciones podemos aprender de los cuentos?

Video de Mentes curiosas

Palabras acerca de lo que nos enseñan los cuentos

Completa la Red de vocabulario para mostrar lo que sabes sobre estas palabras.

literatura

Significado: Los cuentos, las obras de teatro y los poemas son distintos tipos de **literatura**.

Sinónimos y antónimos	Dibujo

divertir

Significado: Para **divertir** a las personas, hacemos algo que las haga reír o sonreír.

Sinónimos y antónimos	Dibujo

entretener

Significado: Para **entretener** a las personas, podemos actuar, cantar o bailar.

Sinónimos y antónimos	Dibujo

Lectura breve

LEAMOS juntos

Sigue la trama del cuento

¿Cuáles son las partes de un cuento? Sigue la trama para descubrirlo.

PERSONAJES

AMBIENTE

Los **personajes** son las personas o los animales del cuento.

El **ambiente** es dónde y cuándo sucede la historia.

PRINCIPIO

Los acontecimientos del **principio** cuentan cuál es el **problema.** El problema es lo que sale mal.

DESARROLLO

Los acontecimientos del **desarrollo** cuentan cómo los personajes intentan resolver el problema.

FINAL

Los acontecimientos del **final** cuentan la **resolución**, o cómo se resuelve el problema.

Ahora sigue la trama otra vez. ¡Cuenta tu propia versión del cuento de las dos cabras! Usa las imágenes como ayuda.

Práctica guiada

LEAMOS juntos

Prepárate para leer

ESTUDIO DEL GÉNERO Los **textos de fantasía** son cuentos con acontecimientos inventados que, en realidad, no podrían suceder. Busca:

- animales que actúen como personas
- relatos breves dentro del cuento
- un problema y una solución

ESTABLECER UN PROPÓSITO Mientras lees, crea imágenes en tu mente. Las palabras que dicen cómo se ven, suenan, se sienten, saben o huelen las cosas y las palabras sobre sentimientos te ayudan a **crear imágenes mentales.**

PALABRAS PODEROSAS

interrumpir

aparecer

suponerse

tranquilizarse

preocuparse

prometer

Conoce a David Ezra Stein.

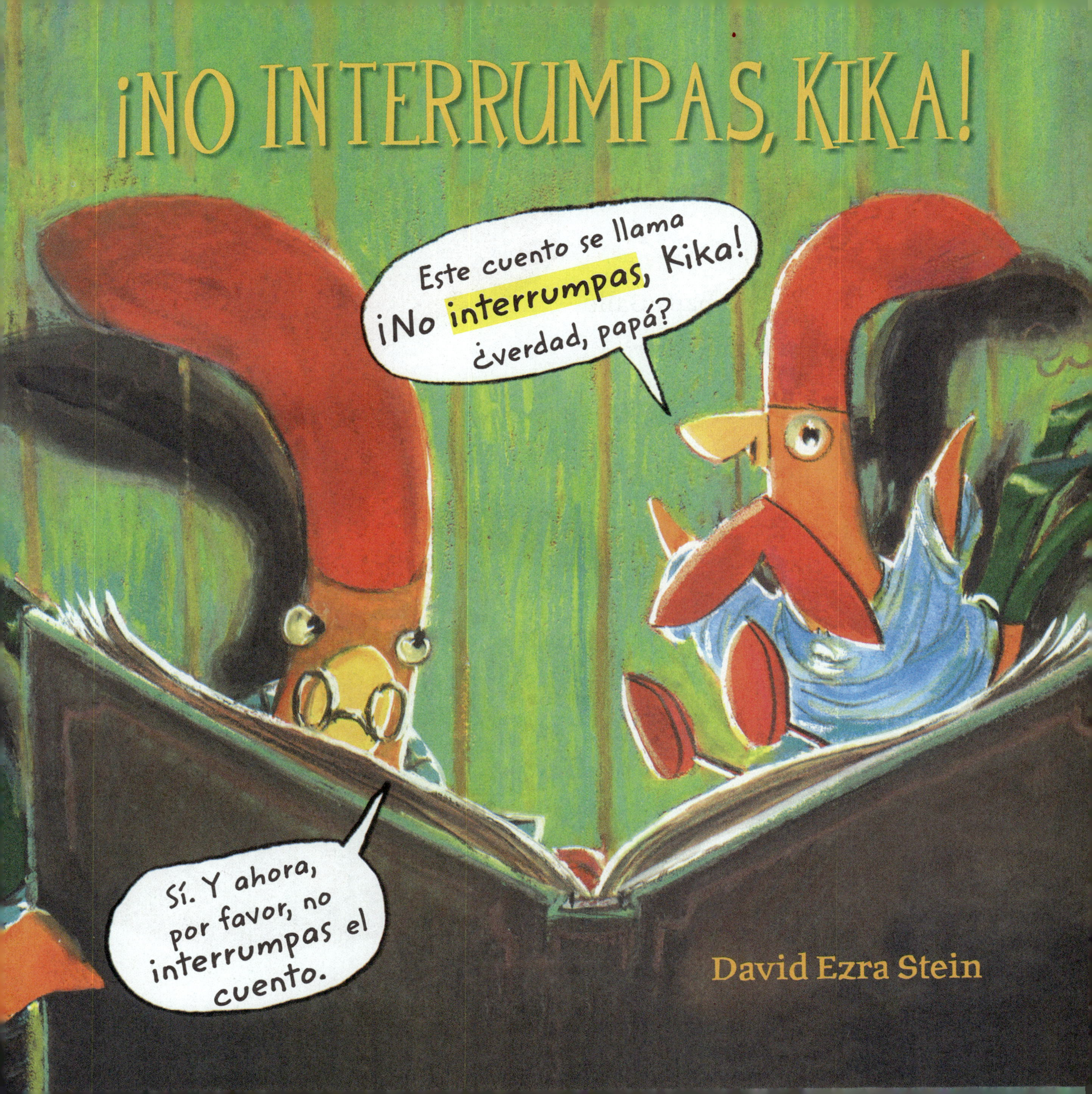
¡NO INTERRUMPAS, KIKA!
Este cuento se llama ¡No interrumpas, Kika! ¿verdad, papá?
Sí. Y ahora, por favor, no interrumpas el cuento.
David Ezra Stein

Era la hora de irse a la cama.

—Venga, Kika —dijo papá Gallo—. ¿Estás lista para ir a dormir?

—¡Sí, papá! Pero te olvidas de algo.

—¿De qué? —preguntó papá Gallo.

—¡Del cuento para dormir!

—Está bien —dijo papá Gallo—. Te leeré uno de tus cuentos preferidos. Pero esta noche no vas a *interrumpirme*, ¿verdad que no?

—¡Oh, no, papá! Me portaré bien.

HANSEL Y GRETEL

Hansel y Gretel estaban muy hambrientos. En medio del bosque encontraron una casita de bizcocho y chocolate. Mordisquito a mordisquito, empezaron a comerse la casita, hasta que una anciana que vivía en ella salió y les dijo:

—¡Qué niños más ricos! ¿Por qué no entran?

Estaban a punto de entrar cuando...

De repente apareció una gallinita roja y les dijo: "¡NO ENTREN! ¡ES UNA BRUJA!".

Y entonces Hansel y Gretel no entraron. ¡FIN!

—Kika.

—¿Sí, papá?

—Has interrumpido el cuento. Intenta no meterte en la historia.

—Lo siento, papá. ¡Pero es que era una bruja de verdad!

—Sí, pero se supone que tú tienes que ir tranquilizándote para dormir.

—Prueba con otro cuento. ¡Me portaré bien!

Caperucita Roja

—Lleva esta cesta con pasteles para la abuelita —dijo la mamá de Caperucita Roja—. Pero no te entretengas por el camino. El bosque está lleno de peligros.

Caperucita Roja se fue brincando muy contenta por el bosque. Al cabo de un rato encontró a un lobo que le dijo: “Buenos días”. Estaba a punto de responderle cuando...

Apareció de repente una gallinita roja y le dijo:
"¡NO HABLES CON DESCONOCIDOS!".

Y Caperucita Roja no le dijo nada. ¡FIN!

—¡Kika!

—¿Sí, papá?

—Lo has vuelto a hacer. ¡Has interrumpido dos cuentos, y todavía no tienes ni pizca de sueño!

—Lo siento, papá. ¡Pero es que era un lobo *muy* malo!

—Sí, lo sé. Ahora vuelve a meterte en la cama.

—De acuerdo, papá. ¡Prueba con otro cuento *cortito*, y me portaré bien!

EL POLLITO EXAGERADO

El Pollito sintió que le había caído algo en la cabeza y pensó: “¡El cielo se está cayendo!”. Estaba a punto de salir corriendo a contarles a la Gallina, a la Oca, al Pato y a todos los animales de la granja que el cielo se estaba cayendo, cuando...

Apareció de repente una gallinita roja y le dijo:
"¡TRANQUILO! SOLO ERA UNA BELLOTA".

Y entonces el pollito no dijo nada. ¡FIN!

—Kika.

—¿Sí, papá?

—Lo has hecho OTRA VEZ.

—¡Oh, papá! ¡No podía dejar que este pollito se preocupara por culpa de una bellota! Por favor, léeme *otro cuento más,* y te prometo que me dormiré.

—Pero Kika —dijo papá—, ya no tenemos más cuentos.

—¡Oh, no, papá! ¡No puedo dormir sin un cuento!

—Entonces —dijo papá bostezando—, ¿por qué no me cuentas tú un cuento a *mí*?

—¿Que *yo* te cuente un cuento? —dijo la gallinita roja—. ¡De acuerdo, papá! ¡Empecemos! A ver...

Cuento
para
PAPÁ
de
Kika
1 2 3

Érase una vez una gallinita roja que acostó a su papá. Le leyó cien cuentos. Incluso le llevó un vaso de leche caliente, pero no sirvió de nada: su papá se quedó despierto toda...

—¿Papá?

Z

—Buenas noches, papá.

FIN

Conversación en parejas

Usa detalles de **¡No interrumpas, Kika!** para contestar estas preguntas con un compañero.

1. **Crear imágenes visuales** ¿Qué imágenes creaste en tu mente cada vez que Kika interrumpía un cuento? ¿Qué palabras te ayudaron a crear esas imágenes?

2. Di por qué el final del cuento es gracioso.

Sugerencia para la conversación

Espera tu turno para hablar. Explica tus ideas y tus sentimientos con claridad.

Yo pienso que ___ porque _____.

Citar evidencia del texto

LEAMOS juntos

Escribir un cuento

INDICACIÓN Vuelve a leer el cuento sobre el pollito exagerado en **¡No interrumpas, Kika!** Cuenta la historia a tu manera.

PLANIFICA Primero, escribe tus ideas para el principio, el desarrollo y el final del cuento.

ESCRIBE Ahora, escribe tu cuento sobre el pollito exagerado. Usa tus propias palabras. Recuerda:

- Cuenta el principio, el desarrollo y el final.
- Usa palabras como **primero**, **después** y **por último** para mostrar el orden de los acontecimientos.

Por mi cuenta

Prepárate para leer

ESTUDIO DEL GÉNERO Los **textos de fantasía** son cuentos con acontecimientos inventados que, en realidad, no podrían suceder.

HACER UNA PREDICCIÓN Echa un vistazo a **Hansel y Gretel: Segunda parte.** Piensa en que los textos de fantasía contienen acontecimientos imaginarios. ¿Qué crees que sucederá?

ESTABLECER UN PROPÓSITO Lee para descubrir qué hacen Hansel y Gretel.

Hansel y Gretel: Segunda parte

LEE Describe qué están haciendo Hansel y Gretel. Di por qué.

Un día, íbamos caminando por el bosque.

—¡Mira, Hansel! ¡Esa casa pequeñita está cubierta de dulces rojos y amarillos! —dijo Gretel—. ¡Mmm! tengo hambre.

—¡Yo también! Vamos a darles un mordisco —dije. De repente, ¡apareció una gallinita! ▶

Para leer con atención

Numera los acontecimientos principales en orden.

VERIFICAR LO QUE ENTENDÍ

¿Qué palabras te ayudan a imaginar cómo es la casa?

LEE ¿Por qué los niños invitan a la gallinita a la casa? Subraya las palabras que lo dicen.

—¡NO COMAN ESO! ¡NO ES BUENO PARA LOS DIENTES! —gritó la gallinita.

Pensamos que esta graciosa gallinita solo intentaba ayudarnos. Nos parecía amable.

—¿Quieres venir a nuestra casa a jugar? —le pregunté a la gallinita.

—¿Está hecha de dulces? —preguntó con una sonrisa.

¡Y todos nos fuimos caminando juntos!

Para leer con atención

Escribe una **C** cuando hagas una conexión.

VERIFICAR LO QUE ENTENDÍ

Describe cómo son Hansel y Gretel. ¿Cómo lo sabes?

Citar evidencia del texto

ESCRIBE SOBRE ELLO ¿En qué se diferencia lo que Hansel y Gretel hicieron en este cuento de lo que hicieron en **¡No interrumpas, Kika!**? Escribe para explicarlo.

Práctica guiada

LEAMOS juntos

Prepárate para leer

ESTUDIO DEL GÉNERO Las **obras de teatro** son historias que puedes leer y representar. Busca:

- el ambiente donde sucede la historia
- diálogo, o lo que dicen los personajes
- un narrador

PALABRAS PODEROSAS

narrador

astuto

repentinamente

ESTABLECER UN PROPÓSITO Mientras lees, piensa en qué se parece este texto a lo que ves en tu vida y a otros textos que has leído y **haz conexiones**. Esto te ayudará a comprender y recordar el texto.

Conoce a Lisa Campbell Ernst.

Caperucita Roja

por Lisa Campbell Ernst
ilustraciones de Jesús Aguado

Elenco:

Narrador

Caperucita Roja

Mamá

Coyote

Abuela

Narrador: Había una vez una niña que se llamaba Caperucita Roja. Vivía con su familia en una casa acogedora cerca de un bosque profundo y oscuro.

Mamá: Caperucita, tu abuela está enferma. Estoy preparando unas deliciosas tortillas. ¿Se las puedes llevar a Abuela?

Caperucita Roja: ¡Yupi! ¡A Abuela le encantan las tortillas! También le voy a llevar un libro para leerle. Ya mismo voy.

Mamá: ¡Calma, calma, querida! Aquí tienes un mapa que muestra el camino a la casa de Abuela. No te desvíes del camino y ten cuidado, por favor.

Caperucita Roja: Según el mapa, la casa de Abuela está cerca. No me voy a desviar del camino. Y tendré cuidado.

Narrador: Así que Caperucita Roja se dirigió a la casa de Abuela. Las tortillas olían muy bien y todavía estaban tibias. Coyote Hambriento estaba cerca de allí, en el bosque.

Coyote: ¡Caramba! ¿Y ese aroma? ¡Mi nariz me dice que es algo muy pero muy bueno!

Narrador: Coyote Hambriento olfateó y olfateó. El aroma lo guio hasta Caperucita Roja.

Coyote: Hola, niña. ¿Quién eres y adónde vas en este bello día?

Caperucita Roja: Soy Caperucita Roja. Le llevo tortillas a mi abuela enferma. Este es mi mapa. Me muestra el camino.

Narrador: Coyote Hambriento miró el mapa y tuvo una idea malvada. Una sonrisa pícara se le dibujó en la cara.

Coyote: ¡Mira esas hermosas flores! Las flores tal vez ayuden a tu abuela a sentirse mejor. ¿Por qué no juntas algunas?

Caperucita Roja: ¡Qué buena idea! Cortaré flores de todos los colores para ella.

Narrador: Mientras Caperucita Roja elegía las mejores flores para hacer un ramo, Coyote echó a correr. Fue corriendo directo hasta la casa de Abuela.

Coyote: ¡Ja, ja, ja! ¡Qué astuto soy! ¡Me robaré todas las tortillas!

Narrador: Coyote llamó a la puerta y habló con voz aguda.

Coyote: ¡Hola, Abuela! ¡Soy yo, Caperucita Roja!

Abuela: Por favor, pasa, querida.

Narrador: Coyote entró repentinamente, y de un salto encerró a Abuela en un armario. Luego, se puso un vestido y un sombrero para parecerse a ella. Poco después, Caperucita Roja llegó y llamó a la puerta.

Caperucita Roja: ¡Hola, Abuela, soy yo! ¡Te traje tortillas, flores y un libro para que te sientas mejor!

Narrador: Coyote trató de imitar la voz de la abuela.

Coyote: Pasa, mi dulce Caperucita.

Narrador: Caperucita Roja entró. Abuela no parecía ser la de siempre.

Caperucita Roja: ¡Uy, Abuela, qué ojos tan grandes tienes!

Coyote: Son para verte mejor, querida.

Caperucita Roja: ¡Uy, Abuela, qué orejas tan grandes tienes!

Coyote: Son para oír cómo me lees, querida.

Caperucita Roja: ¡Uy, Abuela, qué dientes tan grandes tienes!

Coyote: ¡Son para comerme TODAS las tortillas!

Narrador: ¡Coyote salió de la cama de un brinco! Se enredó una o dos veces, pero finalmente pudo quitarse el vestido y el sombrero.

Narrador: En ese momento, le llegó un mensaje de texto a Caperucita Roja.

Caperucita Roja: Espera un segundo...

Narrador: Leyó el mensaje en voz alta.

Caperucita Roja: *"Estoy en el armario. ¡Por favor, sácame! Te quiero. Abuela".*

Narrador: La valiente Caperucita Roja corrió hacia el armario y abrió la puerta. En un abrir y cerrar de ojos, Abuela estaba fuera.

Abuela: ¿Qué está ocurriendo aquí?

Caperucita Roja: ¡Este malvado Coyote quiere robarse las tortillas!

Coyote: ¡No soy malvado! Solamente tengo hambre. Por favor, denme algo para COMER. ¡POR FAVOR!

Abuela: Ven aquí, Coyote.

Narrador: Las dos llevaron a Coyote a la cocina. Coyote se sentó dando un suspiro.

Caperucita Roja: Todo lo que tenías que hacer era pedirlo, Coyote. ¡Nos gusta compartir nuestras tortillas!

Narrador: Los tres comieron juntos las deliciosas tortillas. Caperucita Roja le leyó a Abuela. Abuela se sintió mejor, y también Coyote. Así termina nuestra historia de una niña valiente, su abuela y un coyote muy hambriento.

Responder a la lectura

LEAMOS juntos

Conversación en parejas

Usa detalles de **Caperucita Roja** para contestar estas preguntas con un compañero.

1. **Hacer conexiones** ¿En qué se parecen esta historia de Caperucita Roja y **¡No interrumpas, Kika!**? ¿En qué se diferencian?

2. ¿Por qué cambia a lo largo de la historia lo que Caperucita Roja piensa de Coyote?

Sugerencia para escuchar

Mira a tu compañero. Escucha con respeto y piensa en lo que tu compañero está diciendo.

Citar evidencia del texto

LEAMOS juntos

Escribir una obra de teatro

INDICACIÓN ¿Adónde irán después los personajes de **Caperucita Roja**? Escribe una obra de teatro corta para continuar la historia.

PLANIFICA Primero, dibuja lo que sucede en tu nueva escena.

ESCRIBE Ahora, escribe tu obra de teatro corta. Cuenta qué dicen y hacen los personajes. Usa otra hoja de papel si la necesitas. Luego, comparte tu obra de teatro con tus compañeros. Cuéntales por qué tu historia es una obra de teatro. Recuerda:

- Empieza con una lista de los **personajes**.
- Nombra el lugar y describe el **ambiente**.
- Haz que el **diálogo** parezca una conversación real.

Prepárate para leer

ESTUDIO DEL GÉNERO Las **obras de teatro** son historias que puedes leer y representar.

HACER UNA PREDICCIÓN Echa un vistazo a **¡Vuelve a intentarlo!** Una niña intenta aprender a andar en bicicleta. ¿Qué crees que sucederá?

ESTABLECER UN PROPÓSITO Lee para descubrir si la niña aprende a andar en bicicleta.

¡Vuelve a intentarlo!

LEE Subraya los nombres de los personajes de esta obra de teatro.

Reparto: **Narrador** **June** **Max**

Narrador: June está aprendiendo a andar en bicicleta en el parque. Su hermano mayor la está ayudando.

June: Nunca aprenderé a andar en bicicleta. ¡Me voy a caer!

Max: ¡Vuelve a intentarlo, June! ▶

Para leer con atención

Escribe una **C** cuando hagas una conexión.

VERIFICAR LO QUE ENTENDÍ

Describe el ambiente donde sucede la obra de teatro.

LEE ¿Qué te dice el diálogo sobre June?

Narrador: June no aprendió a andar la primera vez, pero no se rindió.

Max: Estás mejorando. Estás casi lista para hacerlo sola, June.

June: Está bien, Max. Estoy lista. ¡Suéltame!

Narrador: ¡June comenzó a caerse! Pero se mantuvo sobre la bicicleta. Ella aprendió una lección importante. Si no logras hacer algo la primera vez, ¡vuelve a intentarlo!

Para leer con atención

Escribe un **!** junto a alguna parte sorprendente.

VERIFICAR LO QUE ENTENDÍ

¿En qué se parecen **¡Vuelve a intentarlo!** y **Caperucita Roja**?

Citar evidencia del texto

ESCRIBE SOBRE ELLO ¿De qué manera aprende June una lección en **¡Vuelve a intentarlo!**? Usa ejemplos de la obra de teatro para explicar tu respuesta.

Práctica guiada

LEAMOS juntos

Prepárate para leer

ESTUDIO DEL GÉNERO Las **fábulas** se han contado por muchos años y enseñan una lección. Busca:

- animales que son personajes
- de qué manera las imágenes y las palabras te ayudan a comprender lo que sucede

ESTABLECER UN PROPÓSITO Lee para hacer suposiciones, o **inferencias**, sobre las cosas que el autor no dice. Usa lo que ya sabes y las pistas del texto y las imágenes como ayuda.

PALABRAS PODEROSAS

- esforzarse
- chirriar
- aprovechar
- otoño

Conoce a Jerry Pinkney.

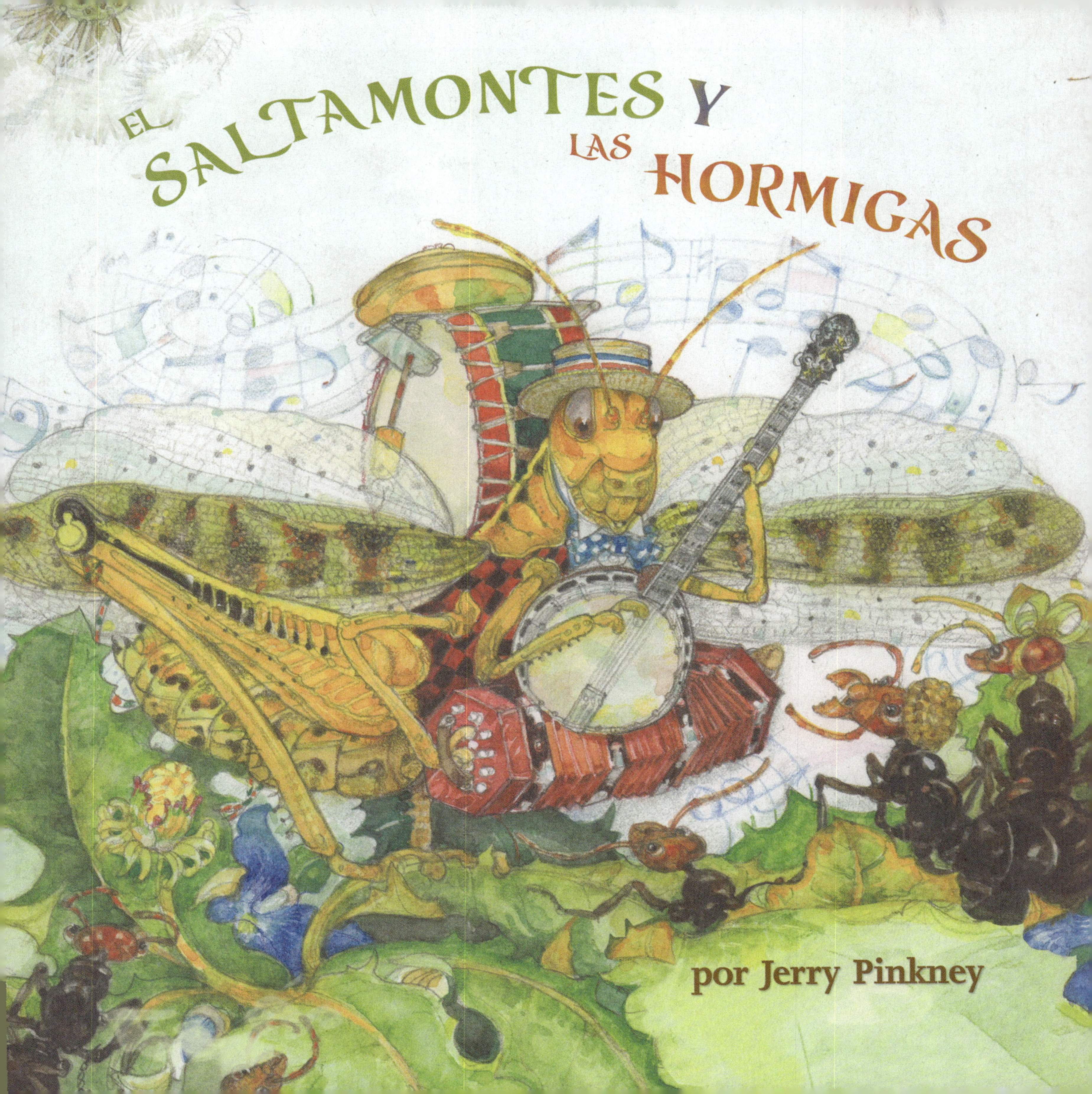
El Saltamontes y las Hormigas
por Jerry Pinkney

—¿Por qué trabajan tanto?
—cantó Saltamontes—.
Es primavera y temporada de pesca.

—No hay tiempo para
descansar —dijeron
las Hormigas.

—¿Por qué se esfuerzan tanto?
—chirrió Saltamontes—. Es verano.
Hagamos un pícnic con deliciosas hojas frescas.
¡Vengan, toquemos algo de música!

—Hay que aprovechar la luz del verano —respondieron las Hormigas—. El otoño llegará pronto.

—¿Por qué trabajan sin parar? —preguntó Saltamontes—. Es otoño y el mundo es un patio de juegos lleno de hojas. ¡Miren qué piruetas hacen sus colores! ¡Vengan a bailar y cantar!

—Miren esta maravillosa montaña de hojas. ¡Vengan a jugar!

—¡Ah, cómo me gusta el brillo de la primera nieve! ¡Vengan a ver!

—El trabajo puede esperar
—dijo Saltamontes.

—El invierno es para hacer angelitos y saltamontes de nieve.

—¡Si tan solo alguien me acompañara! —dijo Saltamontes, temblando de frío.

—¿Le gustaría una taza de té? —preguntó Hormiga Reina.

—Gracias, ¡qué amable! —dijo Saltamontes.

LEAMOS juntos

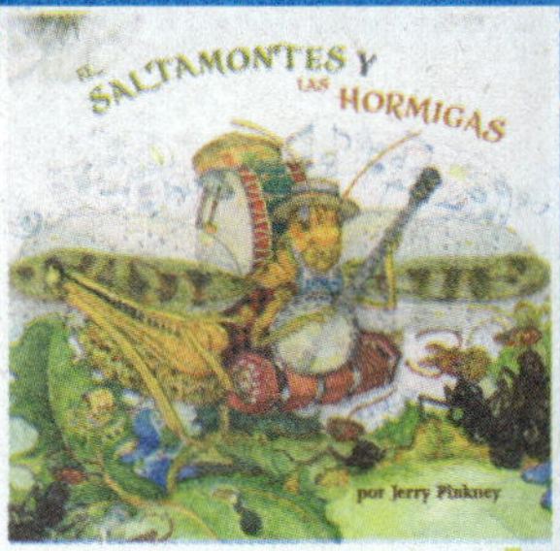

Conversación en parejas

Usa detalles de **El saltamontes y las hormigas** para contestar estas preguntas con un compañero.

1. **Hacer inferencias** ¿Qué aprende el saltamontes de las hormigas y qué aprenden las hormigas del saltamontes?

2. ¿Piensas que las hormigas deberían compartir con el saltamontes? ¿Por qué?

Sugerencia para la conversación

Completa la oración para continuar la conversación con tu compañero.

Mi idea es ______________.

Escribir una descripción

INDICACIÓN ¿Cómo cambia Saltamontes a lo largo del cuento? Usa detalles de las palabras y las ilustraciones para explicar tus ideas.

PLANIFICA Describe cómo es Saltamontes en el principio, en el desarrollo y en el final del cuento.

Principio	Desarrollo	Final

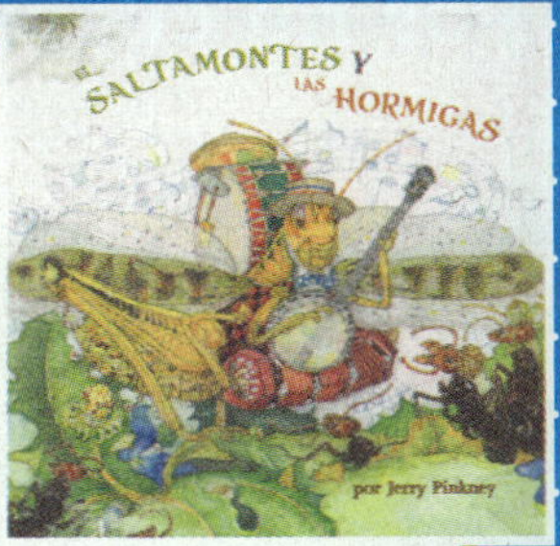

ESCRIBE Ahora, escribe oraciones para describir cómo cambia Saltamontes. Recuerda:

- Cuenta cómo se siente y qué hace Saltamontes en el principio, en el desarrollo y en el final del cuento.
- Usa palabras descriptivas.

Prepárate para leer

ESTUDIO DEL GÉNERO Las **fábulas** se han contado por muchos años y enseñan una lección.

HACER UNA PREDICCIÓN Echa un vistazo a **Dos ratones.** Sabes que las fábulas enseñan una lección. ¿Qué lección crees que aprenderán los ratones en esta fábula?

ESTABLECER UN PROPÓSITO Lee para descubrir qué sucede cuando cada ratón visita al otro.

Historia de dos ratones

LEE ¿Cómo es la ciudad? Subraya las palabras que la describen.

El Ratón del Campo recibió un mensaje de su amigo. "¡Ven a visitarme a la ciudad!", decía.

Entonces, viajó en bicicleta, en autobús y en tren. Finalmente, llegó a la gran ciudad. ¡Qué locura! Las personas pasaban a toda prisa. Sonaban bocinas por todas partes. ¡El Ratón del Campo estaba muy asustado!

Para leer con atención

Escribe un **?** junto a las partes sobre las que tengas preguntas.

VERIFICAR LO QUE ENTENDÍ

Describe la ciudad y cómo se siente el Ratón del Campo en ella.

LEE Subraya las palabras que describen el ambiente.

El Ratón del Campo le envió un mensaje de texto al Ratón de la Ciudad: "¡Me voy a casa! Mejor ven *tú* a visitarme!".

Entonces, el Ratón de la Ciudad viajó en tren, en autobús y en bicicleta. Cuando llegó al campo, no vio a nadie. Había silencio. Se puso nervioso.

El Ratón de la Ciudad le envió un mensaje a su amigo: "¡El campo es demasiado tranquilo! ¿Por qué no nos encontramos a mitad de camino?".

Para leer con atención

Escribe un ! junto a alguna parte sorprendente.

VERIFICAR LO QUE ENTENDÍ

¿Por qué el Ratón de la Ciudad quiere encontrarse con su amigo a mitad de camino?

Citar evidencia del texto

ESCRIBE SOBRE ELLO ¿Qué lección crees que aprenden los ratones? Escribe oraciones para contar cuál es la lección.

Práctica guiada

LEAMOS juntos

Prepárate para leer

ESTUDIO DEL GÉNERO Los **textos informativos** son textos de no ficción. Presentan datos sobre un tema. Busca:

- datos sobre personas
- maneras en las que las imágenes y las palabras te dan información sobre el tema

PALABRAS PODEROSAS
relato
lección
respuesta
ejemplo
sabio

ESTABLECER UN PROPÓSITO Lee para hallar las ideas más importantes. Luego **sintetiza**, o reúne estas ideas en tu mente, para descubrir cosas nuevas sobre el texto y lo que el texto significa para ti.

Desarrollar el contexto: Fábulas de Esopo

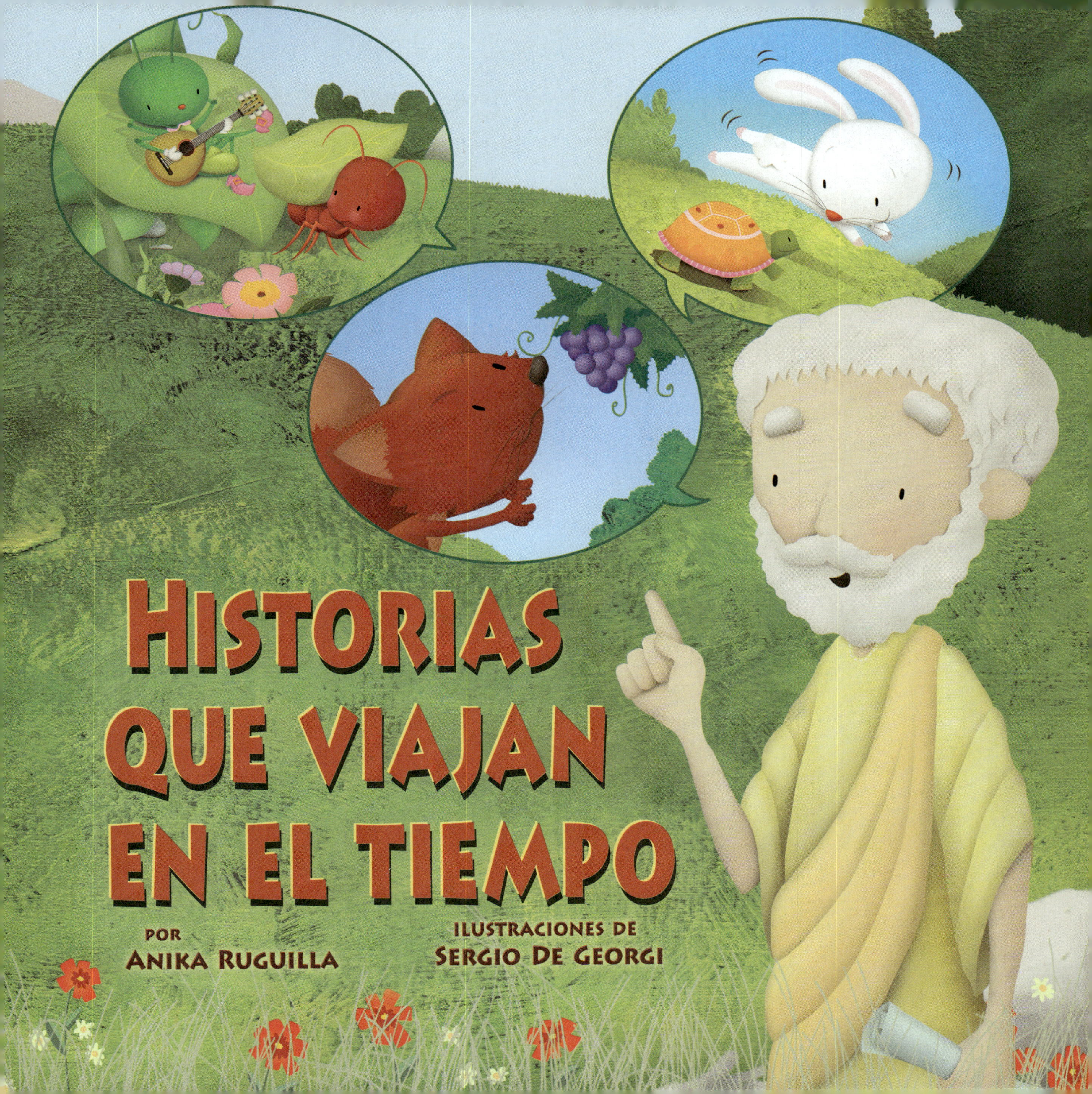

Historias que viajan en el tiempo

por
Anika Ruguilla

ilustraciones de
Sergio De Georgi

¿Recuerdas el cuento de la cigarra y la hormiga? Si te dijeran que es un relato muy antiguo, tal vez no lo creerías. Y es que hay historias que viajan a través del tiempo. Unas de las más antiguas son las fábulas.

Las fábulas son historias cuyos personajes son animales. Son sencillas y breves, y sirven para enseñar alguna lección. Piensa en la cigarra y la hormiga. La hormiga es trabajadora y por eso tiene comida para el invierno. En cambio, la cigarra solo canta y no tiene nada cuando llega el frío.

Muchas de estas fábulas pertenecen a un ingenioso griego llamado Esopo. Vivió hace tantos años que no se sabe casi nada de él. Nadie puede dar una respuesta exacta sobre dónde ni cómo vivió. Pero sus fábulas fueron tan populares que su nombre estuvo siempre junto a ellas.

Esopo no escribía sus fábulas para los niños. Sin embargo, sus sencillos ejemplos sirvieron para educar a los más pequeños durante mucho tiempo. Los malos son malos de verdad y los buenos, buenísimos. Siempre son los más sabios y los más prudentes los que salen ganando.

Algunos escritores crearon sus propias versiones de esas fábulas. Uno de ellos fue Félix María de Samaniego, en España.

En América Latina se usaron animales de la región, como el coyote y el puma. Todavía hoy, estas historias antiguas se siguen contando para que intentemos ser más hormigas que cigarras.

LEAMOS juntos

Conversación en parejas

Usa detalles de **Historias que viajan en el tiempo** para contestar estas preguntas con un compañero.

1. **Sintetizar** ¿Por qué crees que las fábulas de Esopo se siguen contando después de tanto tiempo?

2. ¿En qué se diferencian las fábulas de Esopo de las fábulas de los autores de América Latina?

Sugerencia para la conversación

Haz una pregunta si no estás seguro de lo que tu compañero piensa.

¿Por qué dijiste ________?

Citar evidencia del texto

LEAMOS juntos

Escribir datos

INDICACIÓN ¿Cuáles son los datos más interesantes que aprendiste de **Historias que viajan en el tiempo**? Repasa las oraciones y las imágenes para encontrar ideas.

PLANIFICA Primero, escribe notas sobre los datos, o información real, que aprendiste sobre Esopo, las fábulas y los autores.

ESCRIBE Ahora, escribe tres de los datos más interesantes que aprendiste de **Historias que viajan en el tiempo.** Recuerda:

- Da información real.
- Presenta una idea completa en cada oración y asegúrate de usar la puntuación correcta.

Prepárate para leer

ESTUDIO DEL GÉNERO Los **textos informativos** son textos de no ficción. Presentan datos sobre un tema.

HACER UNA PREDICCIÓN Echa un vistazo a **Dale vida a tus historias.** Sabes que un texto informativo presenta datos. ¿Qué crees que aprenderás?

ESTABLECER UN PROPÓSITO Lee para descubrir cómo contar una historia para que otras personas la disfruten.

Dale vida a tus historias

LEE ¿Qué hacen los narradores? Subraya las palabras que lo cuentan.

¿Conoces a algún buen narrador? Los buenos narradores te atrapan con sus historias. Pueden hacerte reír. Cuentan historias que te emocionan, te ponen triste o te asustan.

¡Contar una historia no es difícil! Tú lo puedes hacer. Solo se necesita tiempo y práctica.

Para leer con atención

Marca las ideas importantes con un *.

VERIFICAR LO QUE ENTENDÍ

¿Qué es lo más importante que aprendiste en esta página?

LEE ¿Qué detalles te dicen cómo ser un buen narrador? Subraya los detalles.

Para leer con atención

Encierra en un círculo las palabras que no conoces. Luego, intenta descubrir qué significan.

Para ser un buen narrador, primero, elige una historia que te guste. Luego, cuéntala en voz alta. Habla con claridad. Usa una voz diferente para cada personaje. También puedes usar el cuerpo para representar la historia. Practica varias veces cómo contarla.

Luego, comparte tu historia. Puedes contársela a un grupo de personas o grabar un video. Haz que la historia sea graciosa o emocionante. Recuerda divertirte. ¡Dale vida a tus historias!

VERIFICAR LO QUE ENTENDÍ

¿Cuál es la idea central, o idea principal, de todo el texto?

Citar evidencia del texto

ESCRIBE SOBRE ELLO Escribe el título de una historia que te gustaría contar. Luego, escribe las cosas que harás para que tu historia sea entretenida y suene emocionante cuando la cuentes.

Práctica guiada

LEAMOS juntos

Prepárate para ver un video

ESTUDIO DEL GÉNERO Los **videos** son películas cortas. Algunos videos dan información. Otros son para entretenerse. Mira, escucha y busca:

- la lección que enseña el video
- cómo se relacionan las imágenes, las palabras y los sonidos para contar un cuento

ESTABLECER UN PROPÓSITO Mira el video para saber quiénes son los **personajes** y cómo son. Averigua lo que hacen, dicen y sienten los personajes para comprender por qué actúan como lo hacen.

Desarrollar el contexto: Las tortugas y las liebres

La liebre y la tortuga

de Speakaboos

Mientras ves el video Usa las imágenes y las palabras para averiguar cómo son la tortuga y la liebre. ¿Qué es lo que hacen? Busca detalles para comprender por qué los personajes actúan como lo hacen. ¿Qué lecciones aprenden?

Conversación en parejas

Usa detalles de **La liebre y la tortuga** para contestar estas preguntas con un compañero.

1. **Personajes** Describe a la liebre. ¿Por qué se detiene a descansar durante la carrera?

2. ¿Qué lección aprende la liebre cuando la carrera termina?

Sugerencia para la conversación

Habla en un tono lo suficientemente alto como para que tu compañero te escuche. No hables demasiado rápido, ni demasiado lento.

Creo que ________.

LEAMOS juntos

¡Hora de concluir!

Pregunta esencial

¿Qué lecciones podemos aprender de los cuentos?

Elige una de estas actividades para mostrar lo que aprendiste sobre el tema.

1. Crea una medalla

Crea una medalla. Haz un dibujo en la medalla que muestre una lección que hayas aprendido de los cuentos. Escribe una oración para explicar cómo ganar la medalla.

2. Adivina, adivinador

Elige un personaje de un cuento. Piensa en la lección que aprendió el personaje. Representa algo que haría el personaje. Pide a un compañero que adivine cuál es el personaje.

Desafío de palabras

¿Puedes usar la palabra divertir para hablar del personaje?

Mis notas

Glosario

A

afectar Cuando una cosa afecta a otra,la cambia. ¿Cómo **afecta** el sol a tu estado de ánimo?

aparecer Si apareció, no estaba ahí antes. Un nuevo patito **apareció** en la laguna.

aprovechar Cuando puedes aprovechar algo, puedes usar lo mejor de eso. Como llueve, podemos **aprovechar** para ver una película.

arbusto Los arbustos son plantas con muchas ramas y son más pequeños que los árboles. Plantamos **arbustos** pequeños junto a nuestra casa.

astuto Alguien que es astuto es muy listo. En el cuento, el zorro es más **astuto** que el oso.

aterrizar Si aterrizaron, se posaron sobre el suelo. Los aviones **aterrizaron** en el aeropuerto.

B

borde Los bordes de algo son los lugares donde termina. Las rayas amarillas señalan los **bordes** de la cancha.

C

capa Las capas son distintas partes de algo que se ponen una encima de otra. El suelo está formado por diferentes **capas**.

ciclo Un ciclo es un grupo de sucesos que se repiten en el mismo orden. Las estaciones vienen una atrás de la otra, en un **ciclo**.

chirriar Si algo chirrió, hizo un ruido continuo y agudo. Las cadenas oxidadas **chirrían** cada vez que los columpios se mueven.

D

descanso Si te tomas un descanso, haces una pausa después de trabajar mucho. Tomamos un **descanso** después de entrenar mucho durante la práctica de fútbol.

deslizarse Las personas o cosas que se deslizan se mueven suavemente y sin hacer ruido por una superficie sin arrugas. Después de la tormenta, los caracoles se **deslizan** por el patio.

dirección La dirección es el camino o rumbo que alguien sigue. Cuando fuimos de excursión, caminamos en **dirección** al lago.

divertir Para divertir a las personas, hacemos algo que las haga reír o sonreír. Hicimos una obra de teatro entretenida para **divertir** a nuestros padres.

duna Las dunas son colinas de arena que hay en el desierto o en la playa. Subimos y bajamos caminando por las **dunas** de arena en la playa.

E

ejemplo Los ejemplos son cosas que se hacen o se dicen para enseñar algo. El maestro dio muchos **ejemplos** de sumas y restas.

entretener Para entretener a las personas, podemos actuar, cantar o bailar. Los niños bailan en el desfile para **entretener** al público.

esforzarse Los que se esfuerzan trabajan mucho. Los agricultores se **esfuerzan** para regar los cultivos y sacar las malezas.

espectacular Si algo es espectacular, es grande y emocionante. ¡Esa **espectacular** catarata es muy grande!

espina Si una planta o un animal tiene espinas, tiene partes finas y puntiagudas que pinchan. ¡No toques las **espinas** puntiagudas del cactus!

evaporación La evaporación ocurre cuando el agua se calienta mucho y se convierte en gas. En la olla caliente, la **evaporación** hizo desaparecer una parte del agua.

F

fósil Los fósiles son lo que queda de las plantas y los animales que vivieron hace mucho tiempo y que pueden encontrarse en las rocas. Algunos **fósiles** son huesos de dinosaurios o parecen conchas marinas u hojas.

I

interrumpir Cuando te piden que no interrumpas, quieren que dejes terminar de hablar a una persona. El papá no quiere que su hija lo **interrumpa** mientras habla por teléfono.

L

lección Una lección es algo importante que aprendes. Aprendimos una **lección** sobre por qué es importante compartir.

líquido Un líquido es algo que puedes servir o verter, como agua o leche. Vierto el **líquido** para llenar todo el molde.

literatura Los cuentos, las obras de teatro y los poemas son distintos tipos de literatura. La maestra nos da buena **literatura** para leer.

M

marcar Si alguien te dice "marca este objeto", te pide que hagas una línea o dibujes su contorno con un lápiz o marcador. **Marca** el contorno de tu mano para hacer un dibujo de ella.

misión Una misión es una cosa importante que tienes que hacer. La **misión** del bombero es apagar el fuego.

N

narrador Un narrador es alguien que escribe o cuenta un cuento. El **narrador** contó un cuento divertido a nuestra clase.

O

ocupar Si algo ocupa un lugar, lo llena. Cuando estudio, mis libros **ocupan** toda la mesa.

otoño El otoño es la estación que llega después del verano y antes del invierno. En **otoño**, las hojas cambian de color y caen de los árboles.

P

popular Si son populares, muchas personas los conocen y a muchas personas les gustan. Todos queremos participar en los juegos más **populares**.

R

preocuparse Si no querías que alguien se preocupara, no querías que tuviera miedo o estuviera nervioso. Cuando llegué a la biblioteca, llamé a mi mamá para que no se **preocupara.**

problema Un problema es algo difícil de solucionar. El **problema** del perro es que no puede alcanzar la pelota.

prometer Si prometo hacer algo, tengo que hacerlo. **Prometo** ayudarte a estudiar para el examen.

relato Un relato es una historia o cuento. Leímos un **relato** muy divertido.

repentinamente Cuando algo pasa repentinamente, pasa muy rápido y sin que nadie lo espere. Ella tomó el juguete **repentinamente** cuando no era su turno.

respuesta Una respuesta es la contestación a una pregunta. Mi **respuesta** a tu pregunta es "¡sí!".

S

sabio Los que son sabios usan lo que saben para tomar buenas decisiones. El líder del grupo era muy **sabio** y nos ayudó a elegir el mejor lugar para acampar.

suponerse Si se supone que hagas algo, se espera que lo hagas. Se **supone** que debemos hacer tareas en casa.

T

tranquilizarse Cuando estás tranquilizándote, empiezas a calmarte. Después de trabajar, **se tranquiliza** en la hamaca.

Índice de títulos y autores

Reconocimientos

Deserts by Quinn M. Arnold. Text copyright © 2017 by Creative Education and Creative Paperbacks. Creative Education and Creative Paperbacks are imprints of The Creative Company, Mankato, MN 56001 USA. Translated and reprinted by permission of The Creative Company.

Grand Canyon by Sara Gilbert. Text copyright © 2017 by Sara Gilbert. Creative Education is an imprint of The Creative Company, Mankato, MN 56001 USA. Translated and reprinted by permission of The Creative Company.

The Grasshopper and the Ants by Jerry Pinkney. Copyright © 2015 by Jerry Pinkney. Published by Little, Brown Books for Young Readers. Translated and reprinted by permission of Little, Brown and Company and Sheldon Fogelman Agency, Inc.

"Paisaje con animal", "Pájaros en papel" and "Pez volador" from *Hecho a mano* by Guadalupe Rodríguez. Copyright © 2009 by Guadalupe Rodríguez. Reprinted by permission of Editorial Amanuta Limitada and b small Publishing.

¡No interrumpas, Kika! Originally published in English by Candlewick Press as *Interrupting Chicken* by David Ezra Stein. Copyright © 2010 by David Ezra Stein. Reprinted by permission of Candlewick Press, Editorial Juventud, and Recorded Books.

Sam y Leo cavan un hoyo. Originally published in English by Candlewick Press as *Sam and Dave Dig a Hole* by Mac Barnett. Illustrated by Jon Klassen. Text copyright © 2014 by Mac Barnett. Illustrations copyright © 2014 by Jon Klassen. Translated by Teresa Farran. Translation copyright © 2015 by Editorial Juventud, S.A. Reprinted by permission of Candlewick Press and Editorial Juventud, S.A.

Créditos de fotografía

4 ©Michele Falzone/AWL Images/Getty Images; 5 (c) ©Frank Krahmer/Corbis Documentary/Getty Images; 5 (br) ©Ronnie Howard/Shutterstock; 7 (b) ©Homer Learning; 7 (b) ©Homer Learning; 8 ©Andrew Mayovskyy/Shutterstock; 12 (bg) ©Astarina/Shutterstock, (bl) ©Houghton Mifflin Harcourt, (c) ©Vladimir Gjorgiev/Shutterstock, (bg) ©lukeruk/Shutterstock; 13 (b) ©Photo Researchers/Science Source/Getty Images; 13 (tr) ©Pavliha/E+/Getty Images; 13 (cr) ©J. Pat Carter/AP Images; 13 (tl) ©Maciej Nicgorski/EyeEm/Getty Images; 13 (cl) ©Fred Zhang/Moment/Getty Images; 14 ©Moranne Keeler/Candlewick Press, Inc.; 36 ©imageBROKER/Alamy; 37 ©Hoang Bao Nguyen/Dreamstime; 38 (l) ©Eastmanphoto/Dreamstime; 38 (r) ©Valentin Armianu/Dreamstime; 40 ©Zeusthegr8/Dreamstime; 41 (inset) ©Ann & Steve Toon/Robert Harding/Getty Images; 42 ©Dragonika/Dreamstime; 43 (inset) ©Lirtlon/Dreamstime; 43 ©Gallo Images/Danita Delimont/Getty Images; 44 (inset) ©moodboard/Alamy; 44 ©Cultura/Philip Lee Harvey/Getty Images; 46 ©PaulVinten/iStock/Getty Images Plus; 47 (t) ©ebettini/iStock/Getty Images Plus; 47 (b) ©Havranka/Dreamstime; 48 (bg) ©Alex7370/Dreamstime; 48 (inset) ©Pleprakaymas/Dreamstime; 49 (bg) ©Tom Roche/Shutterstock; 49 (inset) ©fivespots/Shutterstock; 49 (inset) ©Stuart Dee/Photographer's Choice RF/Getty Images; 50 ©Martin Maun/Dreamstime; 51 (tr) ©Hoang Bao Nguyen/Dreamstime; 53 (tr) ©Hoang Bao Nguyen/Dreamstime; 54 ©Christian Wilkinson/Alamy; 56 ©Christian Wilkinson/Alamy; 58 ©SolStock/E+/Getty Images; 72 ©Benny Marty/Shutterstock; 72 (bg) ©Frank Krahmer/Corbis Documentary/Getty Images; 73 ©Frank Krahmer/Corbis Documentary/Getty Images; 73 (inset) ©Wisconsinart/Dreamstime; 74 ©Christian Beier/CBpictures/Alamy; 74 (inset) ©Wisconsinart/Dreamstime; 76 ©Inge Johnsson/Alamy; 77 ©George H.H. Huey/Alamy; 77 (inset) ©Wisconsinart/Dreamstime; 78 (tr) ©Michael Quinn/National Park Service/Grand Canyon National Park; 78 (b) ©Derek Von Briesen/National Geographic Magazines/Getty Images; 79 ©Mark Miller/Alamy; 79 (inset) ©Wisconsinart/Dreamstime; 80 (tr) ©Joel W. Rogers/Corbis Documentary/Getty Images; 80 (b) ©Scott Smith/Corbis Documentary/Getty Images; 81 ©Pacific Northwest Photo/Shutterstock; 81 (inset) ©Wisconsinart/Dreamstime; 82 (inset) ©taviphoto/Shutterstock; 82 ©Ronnie Howard/Shutterstock; 83 ©Neale Clark/Robert Harding/Getty Images; 84 (t) ©Danny Smythe/Shutterstock; 84 (b) ©Anna Kucherova/Shutterstock; 84 (inset) ©Wisconsinart/Dreamstime; 85 (tr) ©Frank Krahmer/Corbis Documentary/Getty Images; 85 (tr) ©Wisconsinart/Dreamstime; 87 (tr) ©Frank Krahmer/Corbis Documentary/Getty Images; 87 (tr) ©Wisconsinart/Dreamstime; 88 ©Michele Falzone/AWL Images/Getty Images; 89 (l) (inset) ©Michael Quinn/National Park Service/Grand Canyon National Park; 89 (r) (inset) ©Michael Quinn/National Park Service/Grand Canyon National Park; 89 (l) ©mgkaya/iStock/Getty Images Plus; 89 (r) ©mgkaya/iStock/Getty Images Plus; 90 ©National Park Service/Grand Canyon National Park; 92 ©Nicola Troccoli/EyeEm/Getty Images; 92 (inset) ©MehmetO/Alamy; 96 ©DGLimages/iStock/Getty Images Plus/Getty Images; 97 ©FatCamera/E+/Getty Images; 98 (c) ©Houghton Mifflin Harcourt, (c) ©Houghton Mifflin Harcourt, (bg) ©Natalia Kudryavtseva/Shutterstock, (bg) (insets) ©Anna_Zubkova/Shutterstock; 104 ©Anne Steinfeld/Candlewick Publishers; 138 ©Lisa Campbell Ernst; 162 ©Jacob Blickenstaff; 192 ©WHL/Blend Images/Getty Images; 202 ©David Gee/Alamy; 204 ©David Gee/Alamy; 206 ©G. K. & Vikki Hart/The Image Bank/Getty Images; 207 ©Homer Learning; 208 ©Homer Learning; 210 ©Tomsickova Tatyana/Shutterstock; 211 ©David Pirvu/Alamy